AF263366

A Monsieur MESNIL, Conseiller municipal

DE LA

Commune de Bougival

MONSIEUR LE CONSEILLER,

Mercredi 13 Juillet 1881, vous et moi nous étions en présence de M. le Juge de Paix du canton de Marly-le-Roi, audience de conciliation, j'étais accusateur et vous accusé.

Je venais avec les mains pleines de preuves, de ces preuves qui confondent un coupable et l'effacent à tout jamais du nombre des honnêtes gens, de ces preuves qui arrachent un aveu aux consciences les plus avilies : vous, vous avez nié, vous avez affirmé votre innocence malgré l'évidence des faits, malgré le rapport d'un expert, malgré les avertissements de M. le Juge de Paix ; alors ne pouvant obtenir de vous la réparation que je vous demandais, je vous ai prévenu que je vous traduirais devant la police correctionnelle.

Cependant, vous aviez fait un aveu, vous aviez reconnu

comme émanant de votre main la copie d'une lettre de M. le Préfet à M. Leduc.

Pour moi cet aveu avait une graude importance, il établissait la filiation de tous ces écrits anonymes qui ont fait de Bougival le prototype de la honte et de la lâcheté.

Depuis ce mercredi 13 juillet 1881, la scène a changé ; d'accusé, me dit-on, vous deviendriez accusateur.

Cela ne m'étonne en aucune façon.

Je vous avoue que j'aime ces métamorphoses.

Voici la version qui circule dans les cercles bien informés :

Je ne peux pas établir la preuve que les lettres anonymes sont de vous ; je ne peux me servir des pièces produites devant M. le Juge de Paix. Donc, l'accusation n'a pas de base.

Fort de votre innocence, indigné des soupçons, mieux encore, des accusations que j'ai portées contre vous, obligé de défendre votre honneur, patrimoine précieux de votre famille, palladium sacré de vos fonctions municipales, garantie de vos devoirs de représentant de la bienfaisance publique, vous ne pouvez rester sous le coup de cette flétrissure, dès lors vous devez me convaincre de calomnie, de diffamation, de manœuvres ténébreuses ; un homme aussi dangereux que moi doit être supprimé de la société, il est une menace permanente, les honnêtes gens comme vous, ne peuvent vivre en paix, ni gagner honnêtement leur pauvre vie.

L'accusation n'a pas de base.

Cette formule m'épouvantait.

Le doute était entré dans mon esprit et lorsque le doute s'infiltre dans le travail de ma pensée, c'est la ruine de tout ce que je poursuis, le néant m'apparaît dans toute son horreur; je pense que le même phénomène psychologique se produit également en vous.

On disait encore dans ces cercles bien informés, que vos lettres n'étaient que bêtes (pardon, le mot n'est pas de moi, mais il est juste) qu'elles n'avaient pas le caractère d'injures bien définies, qu'elles ne renfermaient pas les éléments constitutifs de la diffamation.

Hélas! suis-je arrivé à ce degré de crétinisme de ne plus distinguer ce qui est bien de ce qui est mal, de ne plus savoir ce qui est injure ou éloge, de n'avoir plus aucune notion de ce qui est honnête ou malhonnête?

Vous m'écrivez, M. le conseiller, que j'ai connu la *veuve Gras, la dame Géliéra.*

Cela est possible. A mon âge et dans ma profession, on a beaucoup vu, beaucoup connu, beaucoup retenu; mais les laideurs morales et physiques de votre espèce sont rares, vous êtes une curiosité dans le genre ignoble. Il ne s'en doute pas le pauvre homme.

Qu'entendez-vous dire en me parlant de ces dames?

Qu'elles étaient aimables, d'un commerce facile, que de telles relations me faisaient le plus grand honneur.

Merci monsieur, de m'apprendre ces choses. Ai-je bien traduit votre pensée? J'en doute.

Souvent la justice s'occupe de nos relations sociales, du milieu où nous vivons, à ce point de vue, la veuve Gras, que je n'ai pas l'honneur de connaître, pourrait être une bonne recommandation; ignorez-vous que tous les jours il arrive à l'homme le plus honorable de se fourvoyer dans une société impure. N'est-ce pas ce qui m'est arrivé avec vous et les vôtres?

Mais pourquoi, puisque vous étiez si bien disposé à me

parler de mes relations ne dites-vous rien de ce qui nous concerne ?

Craindriez-vous d'être assimilé à Madame veuve Gras? Pauvre femme, lui faire une telle injure; quelle aggravation de peine !

Il y a longtemps que nous nous connaissons, que je sais qu'il existe à Bougival un M. Mesni'. Je ne sais si vous avez beaucoup fréquenté *les vagabonds*, si vous avez *été un ramassis de barrières* ; je crois que votre jeunesse a été d'une grande pureté.

Nouvel Eliacin, on vous consacrait au sacerdoce, mais après y avoir réfléchi on a reconnu qu'on ne pouvait faire regarder le bon Dieu de travers, alors on vous a prié de prendre une autre carrière et, suivant la logique des affinités, vous êtes venu à Bougival exploiter la pierre de ce pays; puis vous avez ouvert boutique, marchand de vin, logeur, restaurateur, cantine gratis pour messieurs les prussiens, fabricant de lettres anonymes, de listes électorales injurieuses et second adjoint de la commune de Bougival.

Pauvre Bougival ! En être réduit à cet homme des lettres anonymes, à cet ami des prussiens. A cet autre qui désavoue sa signature et accuse de faux en écriture privée l'homme honorable qui dévoile ses turpitudes. A cet autre qui dentellait du point d'Alençon aux pieds d'Omphale, alors que la patrie en danger faisait appel à tous ses enfants, et qui, aujourd'hui, fait acheter à la commune qu'il administre 3000 mètres de terrain pour 42,000 fr. alors qu'elle pouvait avoir les 17000 mètres de cette propriété pour 35,000 francs. A cet autre qui dérobe les dépouilles opimes d'une guerre où il a figuré, à Bordeaux, à l'état de zéro, qui demande 11,066 francs à sa commune et qui reçoit juste zéro, la valeur réelle de l'homme. A cet autre qui demande un million pour indemnité de guerre, au bas mot.

Ah ! les braves gens, les bons citoyens, les patriotes éminents, l'élite de la cité, les notables, vous entendez, et leurs satellites donc ? Quelle fange !

Pauvre Bougival ! Les esclaves du cirque souffraient moins que toi, ils y laissaient la vie, mais jamais l'honneur.

Je m'éloigne de mon sujet, mon sujet étant de prouver que vous êtes innocent et que je suis le seul coupable; que vous êtes la victime d'un homme pervers, capable de toutes les machinations, ourdissant les trames les plus perfides, préparant avec une habileté diabolique les éléments de son accusation et si sûr de son triomphe, si maître d'une situation préparée de longue main par lui, qu'il croit déjà, ce terrible *oiseau de proie*, vous tenir dans ses serres redoutables. . . . . Mais, ô merveille ! une voix vous crie :

« Rassurez-vous, l'accusation manque de base.

« Ces lettres anonymes sont sans valeur.

« Qui les a écrites ?

« Vous, marchand de vin ?

« Vous en êtes incapable.

« Lui, votre accusateur ?

« Cela est différent, examinons.

« De prime abord, l'écriture est assez bien dissimulée,
« c'est un mélange de bâtarde et de fausse anglaise qui
« déconcerte l'examinateur. Mais ce qui confond l'ima-
« gination, c'est le soin avec lequel on a imité certaines de
« vos lettres. Le B majuscule par exemple, est une copie

« parfaite de votre écriture ; les R sont frappants de res-
« semblance, on les dirait écrits par vous, ce jeté en
« forme de crochet est bien de vous, il est d'une imitation
« si habile que si je n'étais pas assuré de votre parfaite
« innocence, je vous condamnerais sur ce trait-là seule-
« ment.

« Il a fallu à votre accusateur une longue étude pour
« arriver à une telle perfection de copiste, mais rien n'est
« impossible au crime. »

Ainsi disait la voix et un rayon de joie illuminait votre
beau visage.

La voix reprit :

« Il n'est pas jusqu'au style de ces lettres qui ne soit
« un pastiche très réussi de votre manière de dire les
« choses, car, entre nous, elles sont passablement idiotes
« ces lettres ; c'est ce qui prouve l'horrible méchanceté de
« cet homme, votre accusateur, de vous avoir copié si
« servilement.

« Pour un pauvre avocat, monsieur le conseiller, vous
« l'êtes, à vous la palme. Il est vrai, le sujet que vous dé-
« fendiez, l'incorruptible Baumann, Élie, juif et prussien
« d'origine, ne pouvait guère vous inspirer de moyens
« plus honnêtes, qui se ressemblent s'assemblent, dit la
« sagesse des nations ; cela est vrai dans le monde des
« idées comme dans le monde des faits ; vous avez été lo-
« gique, d'ailleurs le sujet vous entraînait, il était bien
« dans vos moyens, M. Baumann devant être défendu, ne
« pouvait l'être que par vous. Êtes-vous bien certain de
« sa reconnaissance ? »

Cette interrogation, Monsieur le conseiller, fit tourner
votre beau visage au Débureau, vous étiez d'une pâleur

mortelle; vous écoutiez, mais la voix était retournée au monde surnaturel, vous écoutiez en vain.

Rassurez-vous, ces lettres si remarquables au point de vue des idées et du style, si honnêtes, si véridiques, si éclatantes de lumière, si convaincantes, ces lettres ne sauraient être de vous.

L'ancien Lévite était incapable d'écrire de telles ordures, de calomnier avec autant d'impudicité, de diffamer plus effrontément son prochain.

Il sait trop quels châtiments Cham eut à subir pour ne pas les redouter lui-même. Le marchand de vin n'a pas tellement déteint sur cet ex-chérubin qu'il ait oublié ces grandes maximes qu'il devait enseigner par l'exemple et la parole:

Ne fais pas à autrui ce que tu ne veux pas qui te soit fait.

Aime ton prochain comme toi-même.

Non, ces lettres ne sont pas de vous, j'en atteste votre distinction native.

Comment en un plomb vil l'or pur s'est-il changé?

L'erreur est-elle possible? Ce style, ces pensées, cette orthographe, ces injures ne peuvent appartenir qu'à un *vagabond*, un *ramassis de barrière*, à un intime de *Madame Veuve Gras.*

«Il faut avoir connu tous les vices, hanter tous les crimes, pratiquer toutes les turpitudes; il faut avoir vécu dans la promiscuité de toutes les débauches, s'être plongé dans toutes les orgies, avoir parjuré Dieu, commis tous les blasphèmes, tous les sacrilèges; il faut avoir fait de sa conscience la sale lavette du marchand de vin, ce torchon graisseux, puant, fétide du mastroquet de bas étage; il faut ne plus avoir ni loi, ni foi, ni honneur, ni dignité, ni sentiment du devoir, ni responsabilité; il faut être au-dessus au au-dessous do la loi pour écrire do telles choses et proclamer son innocence; il faut être vous, M. Mesnil, ou moi, car nous sommes seuls intéressés à tromper la justice, pour mentir avec ce cynisme.

Le menteur c'est vous, vous seul, je le jure devant Dieu et devant les hommes.

Mais il faut vous punir, Monsieur le Conseiller, si mon accusation manque do base, je serai votre justicier.

Il y a longtemps que je vous ai appelé devant mon tribunal, que je vous ai condamné. Il y a longtemps que je vous ai rivé à une chaîne plus lourde que celle du galérien, celle de mon mépris.

Je veux vous punir et, en vous frappant, atteindre d'autres coupables.

Ah! J'ai fait avec vous, Messieurs mes anciens collègues, une rude étude du cœur humain; en deux ans j'ai plus appris qu'en cinquante années d'études, d'expériences, d'observations.

Décidément, l'humanité est sale.

J'en ai toujours voulu à Moïse de prendre le premier né des hommes pour en faire un fratricide; dans mon esprit, cette monstruosité atteignait Dieu lui-même; aujourd'hui que je suis condamné au déshonneur d'écrire à ce conseiller municipal de Bougival, du nom patronymique de Mesnil, je crois à tous les crimes, à toutes les hontes, à toutes les infamies, à toutes les lâchetés, à toutes les capitulations de conscience; je crois au Dieu Mercure, à Vénus impudique, à Bacchus ivre, à Plutus inassouvi, je crois au mal, je crois au Moloch Mesnil. Ah! je vous plains, je vous le dis, en vérité, je vous plains.

Je veux vous punir, ai-je dit, M. le Conseiller, la péni-
tence sera rude, je n'en connais pas de plus ignominieuse.
Je donnerai au public un spécimen de votre honorabilité,
ne faut-il pas faire connaître l'élite des notables de Bougival?

Je publierai vos lettres, ces lettres anonymes répudiées
par vous, alors vous pourrez dire : Tout est perdu, même
l'honneur.

Ah ! M. Mesnil, vous êtes un homme honorable, vos
lettres anonymes le prouvent, vos listes électorales aussi,
les placards nocturnes également ; ce n'est pas assez pour
établir votre honorabilité, non pas assez de toutes ces
choses, pas assez votre titre de conseiller municipal, pas
assez votre titre de membre du bureau de bienfaisance,
candidat élu par vos collègues, pas assez vos faux témoi-
gnages en justice, que faut-il donc ? Écoutez.

« C'est une seule et même main qui a écrit les placards
« électoraux, les deux lettres anonymes au docteur
« Duborgia et les deux pièces F. G. qui nous ont servi de
« pièces de comparaison. »

Je sais bien qu'en présence de M. le Juge de Paix, qui
cherchait à vous éclairer, vous avez dit : les ânes braient
tous de la même façon, on peut trouver des écritures qui
se ressemblent.

En effet, vous deviez braire tous de la même façon dans
votre tripot, l'ânier plus fort que les autres, et celui que
vous avez mis hors de service pour cause d'obésité morale
et intellectuelle, devait-il braire celui-là, car il est âne par
excellence.

Mais, M. Mesnil, vous confondez langage et écriture. Si
les ânes ont la même voix, les hommes n'ont pas la même

écriture ; demandez à votre client s'il voudrait écrire comme vous.

Certes oui, Monsieur le Conseiller municipal Mesnil, vous êtes un honorable, qui en douterait ?

Appelé en justice, vous faites un faux témoignage.

Vous êtes un faux témoin devant M. le Juge de Paix.

Un faux témoin devant M. le Procureur de la République.

Vous jurez de dire la vérité, et vous mentez.

Que cet homme est honorable !

Vous dites avoir trouvé sous votre porte, dans votre couloir, ces listes électorales injurieuses, et c'est vous qui les avez écrites, c'est dans votre maison devenue l'infâme tripot des écrits anonymes qu'elles ont été rédigées et copiées par vous.

Je pourrais nommer vos collaborateurs, les flétrir du nom qu'ils méritent ; je pourrais vous nommer celui qui se joue de la *douleur des familles*, celui-là, Bougivalais, vous déshonore ; ceux dont j'ai été le médecin, oui, *le médecin des morts*; celui qui prend un homme, doux par excellence, et le dénomme: le *grand diffamateur*; celui qui brise l'avenir d'un jeune homme en l'appelant : *chef des Eunuques* ; ce misérable n'est pas eunuque. Oh ! non, sa postérité illégitime grouille aux quatre coins de la commune ; celui qui jette du discrédit sur un commerçant honorable en lui disant : *sans culotte*, lui qui a touché aux portes de la cour d'assises; celui qui parle de *machine à coudre*, alors que tant de sales inventions sont à son compte; celui qui dicte : *Voyoucratie*, il ne pensait ni à lui, ni à son entourage ; connais-toi toi-même, dit la sagesse antique ; celui qui a placé l'enseigne de *l'Hôtel de l'Assommoir*; mais il oublie, celui-là, que leur tripot est mille fois plus abject, plus immoral, plus dégradant, plus ignoble que le cabaret de l'Assommoir.

Rue des Poissonniers, à Paris, les malheureux qui s'y oublient tuent leurs corps, mais rue de Versailles, à Bougival, hôtel de la Médisance, les misérables qui collaborent avec M. Mesnil, conseiller municipal, y laissent honneur, considération, estime; ils y fabriquent des lettres anonymes, des placards nocturnes, des listes électorales injurieuses qui portent l'estampille de l'anonymat, pas un nom, pas un être responsable !

Ce qui prouve votre immoralité, Messieurs du tripot, votre lâcheté, votre besoin de faire du mal; vous y fabriquez encore des histoires comme celle-ci : M. Duborgia vit en concubinage avec sa bonne.

Quelle belle aubaine pour vous, M. Elie Baumann, adjoint au maire de Bougival; vous parlez de concubinage, vous ! Vous êtes donc aussi impudent que votre honorable ami Amand, ex-conseiller municipal? Hélas ! dans le monde de l'infection, les deux font la paire. Hélas ! habitants de Bougival, dans quelles sales mains avez-vous mis l'honneur de vos familles, l'honorabilité de vos concitoyens, la considération de ceux que vous aimez, que vous respectez?

Où allez-vous à la suite de tels homme ? Oui, où ?

Devant la justice, M. le conseiller Mesnil, vous avez donc menti, ces listes électorales sont bien de vous. Elles sont si bien de vous que vous avez cherché à déguiser votre écriture; vous commettiez une mauvaise action, mais il ne fallait pas montrer la main qui frappait. Écriture frelatée, nom absent. Est-ce assez complet? Ce conseiller municipal, cet honorable conseiller qui a le pas sur Messieurs Richebourg, Corpet, Leduc, Tremblay Charles, Journée, Victor Couturier. C'est idéal, simplement idéal.

Et dire que votre maison, M. le conseiller, était le reposoir de M. Jules, Edouard Couturier, maire de Bougival, de M. Elie Baumann, son adjoint, de M. Guérand, conseiller municipal, de M. Seul, conseiller municipal, de M. Amand, conseiller municipal, de M. Tailleur, l'immaculé, aspirant au conseil municipal, de M. Jules Pointelet, dit Minerve, autre aspirant au conseil municipal, et ce tas de faquins, lâches et envieux, ne pouvant mordre, déversent leur bave sur des hommes qui n'ont jamais voulu que le bien et qui l'ont fait.

Habitants de Bougival, ai-je payé suffisamment cher les services que je vous ai rendus ? Je le crois. Il est difficile de rencontrer des êtres plus abjects que ceux que je flétris ici ; vous avez cru choisir des hommes, vous avez pris des cadavres, où l'honneur n'est plus, tout est mort.

Une de vos lettres, M. le Conseiller, porte en abréviations : R. S. V. P., réponse s'il vous plaît.

Vous ai-je satisfait. J'en doute.

Vous plaindrez-vous ? J'en doute.

Recommencerez-vous ? Qui sait ?

Et la police correctionnelle ? Vous n'oserez pas, vous n'oserez jamais.

D' J. DUBORGIA,

Lettres de Monsieur Mesnil, conseiller municipal, à Monsieur le Docteur Duborgia

Bougival, le 7 Janvier 1880.

MONSIEUR,

Je vous remercie de m'avoir fait parvenir votre charmante brochure, je l'ai lue attentivement quoique cependant je la connaissais déjà, mais je vous dirai, que plus je la lis plus je voit de dégoût et d'insanités, vous faites voir de ne plus être administrateur de la commune une colère sans borne, s'est emparée de vous vous êtes comme un chien enragé qui poursuit un autre chien pour le dévorer s'il peut l'atteindre. Mais non. vous ne pouvez plus, vous êtes impuissant maintenant, votre rôle est joué, et plus vous écrirez plus vous tomberez en désuétude devant les honnêtes gens, mais vous qui avez levé le masque vous poursuivez votre chemin bourbeux, sans crainte, et vous ne craignez rien devant le mensonge et l'hypocrisie, vous êtes l'oiseau de proie qui poursuit un autre pauvre petit oiseau s'il peut l'attraper il le croque, mais s'il vient à s'échapper il dit : Je me suis sauvé, tu ne m'attraperas plus je me mêlerai.

Nous les neufs comme vous le dites fort bien dans votre brochure, nous nous raisonnons le même langage, vous avez voulu nous conduire dans un chemin tortueux pour nous prendre au vol et nous attraper et nous avons dit non il ne faut pas nous laisser croquer.

Mais une réflection me vient de vous dire que ces hommes qui sont vos collègues sont de parfaites honnêtes gens, sans reproches sur leur passé, qui ont toujours vécu modestement, ont fait leur petit chemin eux-mêmes, tous ne peuvent en dire autant, et je crois ne méritent pas être insultés par vous, car en passant dans les rues personne ne peut les montrer au doigt, ils passent la tête haute et sans crainte, et on ne leur dira pas garde à vous la justice est à vos trousses on va compter vos assiettes et si vous ne payez pas on les vendra aux enchères publiques.

M. Baumann que vous déchirez tant ne mérite pas être traité de la sorte par vous, car je le connais dès son enfance aussi moi, et je n'ai jamais connu de mauvais antécédants chez lui et par conséquent n'a pas besoin d'être traité de la sorte par vous, et je pense qu'il n'a pas besoin de se cacher au fond de ses carrières et vivre avec les cloportes et les salamandres il peut se montrer au grand soleil et ne rien craindre sur sa probité.

Je me rappelle du temps passé, vous viviez en bonne intelligence, s'était votre ami, surtout quand la table était bien garnie, quelques bons mets choisis, et surtout le vin blanc votre boisson favorite (s'était bon n'est-ce pas). Ah! vous ne l'appeliez pas profette en ce temps car le revers de la médaille n'était pas arrivé; il était pourtant votre ami, mais vous ne pensez plus au passé, vous ne pensez quà vous venger, non par la force mais par des odieux écrits qui font bondir le cœur, et sattachent à l'homme qui ne rougit pas de honte devant le public, je cesse à plus tard si l'occasion se présente et je ne vous oublierai pas car j'ai un certain souvenir de vos actes passés et du service que vous avez rendu en certaines circonstances à ceux qui avaient confiance en vous (etc.) et vous avez trompé la confiance publique.

R. S. V. P.

Deuxième lettre. — Du même au même.

MONSIEUR,

Votre dernière brochure que je viens de lire m'impose un devoir de vous répondre quelques mots relativement à la conduite que vous formulez à l'égard de M. Baumann ce jeune homme que vous dites lavoir connu dans son bas âge polisson et toujours le même et sera toujours je vous dirai monsieur que vous ne vous êtes pas regardé dans la glace car vous croyez peut-être que l'on ne connaît pas votre manière de vivre et celle où vous avez vécu, votre jeunesse a été très orageuse vous avez été jeune en orgie vous avez fréquenté tout ce qui était de votre rang les vagabonds les ramassis de barrières vous avez connu la veuve gras vous avez connu madame gilliéra vous avez dans le cours de votre vie vécu toujours en concubinage et vous continuez cela devient une identité à vos mœurs car vous n'avez vécu que par l'intermédiaire de vos parents taisez-vous donc car un homme qui n'a jamais su gérer ses affaires puisse gérer une commune vous ne pouvez plus agir que par la méchanceté l'hypocrisie que vous croyez pouvoir recouvrer envers tout ce qui a de plus bas dans la commune, en considérant votre personne je vous prends pour un saltimbanque qui joue au grand jour pour sattirer des pratiques vous insultez la majorité du conseil, qui sont tous des gens honorables, qui ont fait leur chemin avec l'économie, mais vous qui ne payez personne vous avez de la peine à vivre ces gens là ne demandent rien à qui que ce soit, et vous, vous êtes obligé d'aller piquer les assiettes chez qui veut bien vous recevoir, vous l'avez pourtant assez piquée cet assiette chez l'homme que vous méprisez tant, et pour motif par la personnalité vous voulez devenir un second (Badingue) autoritaire avec votre collègue Alphaud votre ruse a été déjouée grâce à l'habileté de la majorité du conseil sans cela vous conduisiez la commune à sa perte, Vous êtes un homme à craindre votre méchanceté est sans bornes bon à tout faire pourvu que vos idées se réalisent, Mais que voulez-vous faire vous êtes impuissant maintenant votre manière d'agir est connue, vous voyez pourtant que vous perdez l'estime du pays votre première élection était grande par 400 et quelques voix la deuxième 360 et la dernière 244 vous voyez que votre popularité s'en va tout doucement et plus tard plus rien ce qui est presque certain.

Restez donc dans votre camp
Et vivez avec les chat-huants
Car plus tard si la misère chez vous sévit
De la commune vous serez à la merci
Fuyez vil partisan clérical
Et débarrassez bougival

J'avais oublié de vous dire que votre ami Anthaume était mort et vous savez de quelle manière, le même sort vous attend tout à vous, etc je vous estimais mais plus rien.

Paris. Imp. P. DUBREUIL, rue des Martyrs, 18 et 18 bis.